AF192591

AN WEIHNACHTEN
TRÄGT DER WUNSCH
NACH *Frieden* FLÜGEL.

KATJA HEIMBERG

Weihnachten
IST
Herzensglück

Butzon & Bercker

ES IST
so weit

Die Weihnachtszeit ist
der Aufbruch zu mehr
herzlicher Nähe und Wärme,
die gern bei jedem ankommen mag,
um mit anderen Menschen
gemeinsam zufriedene Stunden
zu verbringen.

Voller Sehnsucht
spüren wir die Geborgenheit
und das Licht
des Weihnachtsfestes
in unseren Herzen.

ADVENTSZAUBER

Jetzt ist die Zeit
für liebevolle
und helfende Geschenke,
für Gesten des Miteinanders
und den Frieden
untereinander.

DIE KLEINEN
ÜBERRASCHUNGEN
IN DER WEIHNACHTSZEIT
VERWANDELN DAS LEBEN IN
EINZIGARTIGE
Augenblicke.

Friedlich SCHÖN

Weihnachten –
lausche den besinnlichen Liedern,
öffne dich dem süß-warmen
Weihnachtsduft, der durch
die Straßen zieht.

Leise, ganz sanft,
fällt Schnee,
welch ein malerisches Bild.
Folgen wir den Sternen.
Sie weisen uns den Weg
zu mehr Menschlichkeit
und Frieden.

VOM GLAUBEN
getragen

Nächstenliebe,
eine Gabe, die wir 365 Tage
in unserem Herzen halten
und ganz besonders spüren
in der Weihnachtszeit.

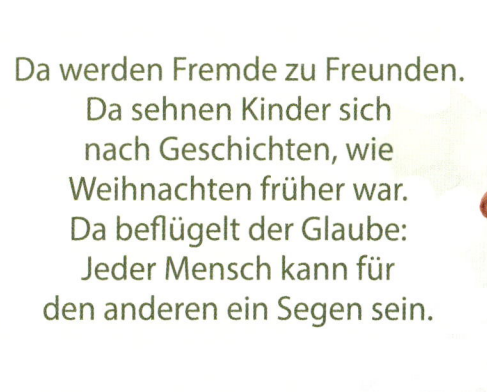

Da werden Fremde zu Freunden.
Da sehnen Kinder sich
nach Geschichten, wie
Weihnachten früher war.
Da beflügelt der Glaube:
Jeder Mensch kann für
den anderen ein Segen sein.

WEIHNACHTSMOMENTE
SIND WÄRMENDE *Schätze,*
DIE DAS HERZ
BERÜHREN.

KLEINE Gesten

ICH LASSE   BEIM BÄCKER
DUFTENDE HERZSTOLLEN BACKEN.
AUF DEM MARKT HABE ICH HERZÄPFEL
UND KLEINE HERZKARTOFFELN GEKAUFT.
BEIM APOTHEKER GAB ES WIEDER DEN
„WARMHERZIGKEIT – TEEGENUSS".
DAS GANZE ALLES NUR, WEIL
UNSERE WEIHNACHTSZEIT
SO UNGLAUBLICH
VIEL HERZ
HAT
.

DER GEFUNDENE
Schatz

Das Glück, sich
über Kleinigkeiten
zu freuen, lässt die Sterne
in der Weihnachtsnacht
heller leuchten.

*Glück ist
der kleine Lichtfunke,
der unsere
Weihnachtsherzen
erhellt.*

DER Weihnachtsbesuch

Wenn die Hektik Pause hat,
dann erfüllt Wärme das Zuhause.
Lichterglanz und Kerzenschein,
Ruhe und Frieden sollen nun
bei uns sein.

WELCH EIN
WÄRMENDER *Segen*
KEHRT EIN
IN JEDES HAUS!

DAS FUNDAMENT
der Weihnacht

In der Heiligen Nacht
kommt Christus in unsere Welt:
Seine Geburt schenkt
uns das Licht der Liebe,
des Friedens und der Hoffnung.

Auch mit einer kleinen
Flamme kannst du Licht
in dunkle Herzen bringen.

Seelenbalsam

Schöne Stunden
mit der Familie lassen
uns den Himmel berühren.
Die Zeit, die wir uns
füreinander nehmen,
schenkt große Freude und
streichelt unsere Seele.

WEIHNACHTEN
IST DIE ZEIT DER
HERZLICHEN GESTEN, DIE IN
STILLEN AUGENBLICKEN
ZUFRIEDENHEIT UND
Ruhe SPENDEN.

ÜBERALL
wird's warm

Aus gebenden Händen bringen
wir gütige und wärmende
Worte unter die Menschen.
Ein trauriges Herz fühlt
sich endlich wieder geborgen.

WEIHNACHTEN
ÜBERWINDET GRENZEN
UND ÖFFNET TÜREN
füreinander.

WEIHNACHTEN
IST DIE STIMME
DES *Friedens.*

LIEBE *geben*

Unser Leben
wird wärmer,
wenn wir wieder
mehr Nächstenliebe
an andere Menschen
verschenken.

Schneeflockentanz

Erste Schneeflocken
küssen die Vorfreude
auf Weihnachten wach.
Welch ein wundervoller
Schleier bedeckt die Welt!

Schneekristalle,
ein Diamantenfunkeln.
Innehalten und den Blick heben.
Weiße, weise Pracht umarmt
die Wälder zart, der Winter
naht mit jedem neuen Tag.

WEIHNACHTSGABEN

Glücklichsein
ist eine Einladung
an die Harmonie.
Nur zusammen bringen wir
der Welt Wärme, Liebe
und Zufriedenheit.

HERZLICH
willkommen

Die Weihnachtsfreude
kommt zu denen,
die ihr Zuhause
für andere öffnen.

GLÜCK IST
DER KLEINE *Lichtfunke*,
DER UNSERE
WEIHNACHTSHERZEN
ERHELLT.

GLÜCKERFÜLLTE
Zeit

Das Licht und der Duft
der Weihnachtszeit
schenken dem Glück
stets neue Hoffnung.

SICH nahe SEIN

Die Familie –
ein besonderer
Ort der Zuwendung
in diesen Tagen.
Zeit für gemeinsame Erinnerungen,
Zeit für Dankbarkeit
und magische Momente.

EIN HAUCH

Warmherzigkeit

Das Weihnachtsfest
ist das Hoffnungsband
für die kleinen Geschenke
des Friedens
für- und miteinander.

Weihnachten
SPÜREN

Folge den Liedern
der wärmenden Zeit.
Öffne dich für ein Gespräch.
Sei dankbar für ein
herzerfülltes Lächeln.
Diese Gaben bringen
dich der Weihnacht
mit Bedacht näher.

UNSERE
Herzensmelodie

Weihnachtslieder
sind ein Segen für
eine friedliche Zeit,
die wir mit unseren
Liebsten verbringen.

STILLE *Zeit*

Sternschnuppen sind
wie Wünsche des Friedens,
die an Weihnachten
vom Himmel fallen.

In zufriedenen Herzen
sammelt das Glück
Sternschnuppen.

MAGISCHE
Momente

Ein Lächeln zu schenken,
öffnet tausend Türen
des Glücks und der Freude.
Welch wärmender Herzensmoment
erstrahlt in jedem Haus.

DIE GRÖßTE FREUDE
FINDET IMMER WIEDER
DAS VERSTECK DES

KLEINSTEN *Glücks.*

WEIHNACHTEN –
DAS FEST DER FREUDE.
ÖFFNEN WIR UNS
FÜR DIE KLEINEN *Gesten*
UNTEREINANDER.

LIEBE erklingt

Die Menschen finden wieder
den Weg friedlich zueinander.
Die vorweihnachtliche Stimmung
öffnet die Tür des Herzens
für mehr menschliche Wärme
und Nächstenliebe.

Besinnlichkeit

Stille hält das kleine Glück
der großen Freude im Herzen
stets zusammen –
welch ein kostbares Geschenk!

DIE WERTVOLLSTE
Gabe FÜR UNS SELBST
IST INNEZUHALTEN.

Abbildungen: Cover, S. 2f., 6f., 22f., 38f.: © Daryartsy (Häuser, Zweige); Cover, S. 2f., 13, 20, 31, 42: © Naturestock (Hintergrund); Cover, S. 3: © Maribor (Aquarellfläche); Vor- und Nachsatz, S. 17, 24f.: © Nikole (Hintergrund, Sterne, Beeren, Zweige); S. 4f., 8f., 14f., 18f., 26f., 32f., 34f., 36f.: © Ирина Счастливая (Strickhintergrund); S. 5, 10f., 27, 28f., 35, 40f.: © ElenaMedvedeva (Stern, Schaukelpferd, Hintergrund); S. 8f., 18f., 36f.: © SvetaArt (Bordüre); S. 12f., 30f., 42f.: © Nastia (Kranz, Zweig); S. 14f., 16, 32f.: © Khaneeros (Kugeln) – alle: stock.adobe.com; S. 5, 20f.: © Toniat-kach (Zweig) – freepik.com; S. 26: © Sundra (Schneekugel) – shutterstock.com

Bibliografische Information der Deutschen Nationalbibliothek

Die Deutsche Nationalbibliothek verzeichnet diese Publikation in der Deutschen Nationalbibliografie; detaillierte bibliografische Daten sind im Internet über http://dnb.d-nb.de abrufbar.

Das Gesamtprogramm von Butzon & Bercker finden Sie im Internet unter www.bube.de

MIX
Papier | Fördert gute Waldnutzung
FSC® C020056

ISBN 978-3-7666-3682-9

Umschlaggestaltung: Anne Frahm, Kevelaer
Layout und Satz: Roman Bold & Black, Köln